Duden

Deutsche Rechtschreibung – kurz gefasst

Von Christian Stang

3., aktualisierte und überarbeitete Auflage

Dudenverlag
Mannheim · Leipzig · Wien · Zürich

Vorwort

Die geschriebene Sprache eröffnet die Möglichkeit, sprachliche Äußerungen über größere räumliche Entfernungen und längere Zeitabschnitte zu archivieren. Daher wird der Normierung der geschriebenen Sprache – der Rechtschreibung – innerhalb der Sprachgemeinschaft eine besondere Bedeutung zugemessen. In Schule, Beruf und Alltag wird sie als ein unverzichtbares Mittel zur reibungslosen Kommunikation betrachtet.

Die Broschüre »Duden. Deutsche Rechtschreibung – kurz gefasst« ermöglicht allen Benutzerinnen und Benutzern einen schnellen Zugriff auf die wesentlichen Regeln der deutschen Rechtschreibung und Zeichensetzung. Sie eignet sich sowohl zum schnellen Nachschlagen als auch zum Wiederholen und Auffrischen vorhandener Grundkenntnisse.

Wegen des bewusst knapp gehaltenen Umfangs kann und will diese Broschüre nur zusammenfassendes Überblickswissen bieten. Wer weiterführende Informationen sucht, sei auf den Duden, Band 1, »Die deutsche Rechtschreibung«, verwiesen, der neben dem amtlichen Regelwerk eine alphabetisch geordnete ausführliche Darstellung der deutschen Orthografie umfasst.

Mit dem Beschluss der Kultusministerkonferenz vom 2./3. März 2006 wurde die Reform der deutschen Rechtschreibung abgeschlossen. Mit Beginn des Schuljahres 2006/2007 hat die neue Rechtschreibung nun an allen Schulen in Deutschland, Österreich und der Schweiz Gültigkeit. In die neue Auflage von »Deutsche Rechtschreibung – kurz gefasst« wurden alle relevanten Änderungen des Regelwerks eingearbeitet. Damit gibt sie, hochaktuell und leicht verständlich, einen Überblick über die von nun an gültigen Regeln für die deutsche Rechtschreibung.

Die Dudenredaktion

Inhalt

Die Laut-Buchstaben-Zuordnungen

Grundlagen

Die deutsche Rechtschreibung beruht auf der lateinischen **Buchstabenschrift** (Alphabetschrift). **Laute** und **Buchstaben** sind einander nach bestimmten Regeln zugeordnet. Diese **Laut-Buchstaben-Zuordnungen** bestimmen die grundlegende Schreibung der Wörter. Sie legen fest, wie die **Laute** (oder Lautverbindungen) in der **gesprochenen** Sprache durch **Buchstaben** (oder Buchstabenverbindungen) in der **geschriebenen** Sprache wiedergegeben werden.
Die folgenden Regeln gelten für den allgemeinen Wortschatz der deutschen Sprache, aber nicht für alle Eigennamen und Ableitungen von Eigennamen.

Die **Laute** werden in zwei Gruppen unterteilt: **Vokale** und **Konsonanten.**

Vokale (Selbstlaute):	
Diese werden ohne Hilfe eines anderen Lautes ausgesprochen.	
• **einfache Vokale**	a – e – i – o – u
• **Umlaute**	ä – ö – ü
• **Diphthonge** (Doppellaute, Zwielaute)	au – eu – ei – ai – äu

Konsonanten (Mitlaute):	
Diese werden mithilfe eines Vokals ausgesprochen.	
– **stimmhafte Konsonanten** (weiche Aussprache)	b – d – g – w …
– **stimmlose Konsonanten** (harte, scharfe Aussprache)	p – t – k – f …

Die Wiedergabe der Kurzvokale (Schärfung)

Doppelschreibung des Konsonanten:	
Nach einem **kurzen, betonten** Vokal wird der nachfolgende Konsonantenbuchstabe meist **verdoppelt.**	ba*gg*ern, ko*mm*en, ne*nn*en, Ma*pp*e, Hü*tt*e Karame*ll*, To*ll*patsch, Ste*pp*, Ti*pp*, Fri*tt*euse
Diese **Doppelschreibung** bleibt in allen Beugungsformen, Zusammensetzungen und Ableitungen mit kurzem Vokal erhalten.	ko*mm*t, ne*nn*st, na*nn*te Scha*ff*ner (zu: scha*ff*en) He*mm*nis (zu: he*mm*en)

ck und tz:	
Die Buchstaben **k** und **z** werden in deutschen Wörtern **nicht** verdoppelt. Statt **kk** steht **ck**; statt **zz** steht **tz.**	Ba*ck*e, Da*ck*el, De*ck*e, Lü*ck*e, we*ck*en Fe*tz*en, Gla*tz*e, Hi*tz*e, Ka*tz*e, pla*tz*ieren
Nach den Konsonanten **l, m, n** und **r** steht **kein ck** und **tz.**	Bal*k*en, Im*k*er, Blin*k*er, mer*k*en Pel*z*, Kran*z*, Gewür*z*
In **Fremdwörtern** aus dem Lateinischen, Griechischen, Französischen steht ebenfalls **kein ck.**	Arti*k*el, Di*k*tat, Dire*k*tor, Do*k*tor, Fabri*k*, Musi*k*, Ra*k*ete, Republi*k*, Se*k*t, Taba*k* **aber:** (aus dem Englischen) Bla*ck*out, Ho*ck*ey
Nach einem **Diphthong** steht **kein tz.**	bei*z*en, Kau*z*, Kreu*z*, Schnau*z*e, sprei*z*en

keine schriftliche Kennzeichnung:	
Wenn auf einen **kurzen, betonten** Vokal mehrere verschiedenartige Konsonanten folgen, wird der dem Vokal nachfolgende Konsonantenbuchstabe **nicht** verdoppelt.	Fa*l*te, Fe*l*d, Geschwu*l*st, Ha*l*fter, Ha*l*s, Ha*n*d, ha*r*t, He*f*t, ka*l*t, Kü*n*stler, ku*r*z, me*l*den, Schma*l*z, wi*r*ken
Bei bestimmten einsilbigen Wörtern wird die Vokalkürze ebenfalls **nicht** angezeigt. Dies gilt auch für eine Anzahl einsilbiger **Fremdwörter.**	a*b*, a*n*, ha*t*, ma*n*, mi*t*, o*b*, u*m*, vo*n*, weg Bu*s*, Cli*p*, Cu*p*, fi*t*, Flo*p*, Gag, Hi*t*

Die Wiedergabe der Langvokale (Dehnung)

Der lang gesprochene Vokal wird bei der schriftlichen Wiedergabe häufig nicht besonders gekennzeichnet: T*a*l, W*a*re; g*e*ben, W*e*g; Augenl*i*d, B*i*ber; B*o*te, r*o*t; Bl*u*me, m*u*tig. In zahlreichen Fällen wird jedoch der Langvokal sichtbar durch das **Dehnungs-h,** das **lange i** oder die **Doppelschreibung des Vokals.**

Dehnungs-h:	
Ein langer Vokal wird in vielen Wörtern durch ein zusätzliches **h** gekennzeichnet. Dieses Dehnungs-h steht oft vor **l, m, n** oder **r.**	Me*h*l, Stu*h*l, Za*h*l; abne*h*men, Le*h*m, Ra*h*men; de*h*nen, Lo*h*n, Za*h*n; fa*h*ren, Gebü*h*r, Rö*h*re
Wörter, die vor dem langen Vokal mit einem **qu** oder **sch** geschrieben werden, erhalten meist **kein** Dehnungs-h.	*Qu*ader, *Qu*al, *qu*er *Sch*al, *Sch*ema, *Sch*ere, *Sch*ule, *Sch*oner **aber:** *Sch*uh

langes i:	
Das lange i wird in vielen Wörtern durch das Anfügen eines **e** gekennzeichnet.	Br*ie*f, D*ie*b, F*ie*ber, L*ie*be, L*ie*der, n*ie*der, prob*ie*ren, s*ie*ben, t*ie*f, v*ie*l, W*ie*se, zufr*ie*den
In wenigen Fällen wird das lange i als **ih** oder **ieh** wiedergegeben.	*ih*m, *ih*n, *ih*nen, *ih*r fl*ieh*en, V*ieh*, w*ieh*ern, z*ieh*en
In den meisten Fremdwörtern wird das lange i als **einfaches i** geschrieben.	Ex*i*l, Kam*i*n, Kr*i*se, Krokod*i*l, Mus*i*k, Phys*i*k, Prof*i*l, Sp*i*rale, Tar*i*f, Term*i*n, T*i*ger, Vent*i*l
Auch Fremdwörter mit der Endung **-ine** werden mit **einfachem i** geschrieben.	Apfels*ine*, Gelat*ine*, Kant*ine*, Margar*ine*, Masch*ine*, Pral*ine*, Ros*ine*, Turb*ine*, Viol*ine*
In Fremdwörtern werden die betonten Nachsilben **-ie**, **-ier** und **-ieren** mit **ie** geschrieben.	Droger*ie*, Garant*ie*; Scharn*ier*, Turn*ier*; dikt*ieren*, gratul*ieren*, inform*ieren*, interess*ieren*, stud*ieren*, train*ieren*

Doppelschreibung des Vokals:	
Bei manchen Wörtern wird der **lange** Vokal durch die **Verdoppelung** des Buchstabens gekennzeichnet. Es werden nur die Vokale **a**, **e** und **o** verdoppelt.	*Aa*l, H*aa*r, P*aa*r, S*aa*l, St*aa*t, W*aa*ge B*ee*t, F*ee*, H*ee*r, Id*ee*, M*ee*r, Sp*ee*r, T*ee*r B*oo*t, d*oo*f, M*oo*r, M*oo*s, Z*oo*
Die Länge der **Umlaute** wird **nicht** durch die Verdoppelung des Buchstabens gekennzeichnet.	B*ö*tchen (zu: Boot) H*ä*rchen (zu: Haar) P*ä*rchen (zu: Paar)

Die Umlaute ä und äu

Wörter mit ä:	
Wörter mit **ä** lassen sich meistens von einem **Stammwort** mit **a** ableiten.	B*ä*lle (zu: Ball), F*ä*lle (zu: Fall), G*ä*ste (zu: Gast), St*ä*rke (zu: stark), beh*ä*nde (zu: Hand), G*ä*mse (zu: Gams) **Doppelformen:** aufw*e*ndig / aufw*ä*ndig, Sch*e*nke / Sch*ä*nke **aber:** *E*ltern (trotz: alt), schw*e*nken (trotz: schwanken)

Wörter mit äu:	
Wörter mit **äu** lassen sich meistens von einem **Stammwort** mit **au** ableiten.	B*äu*me (zu: Baum), H*äu*te (zu: Haut), s*äu*bern (zu: sauber), Tr*äu*me (zu: Traum), Gr*äu*el (zu: Grauen), schn*äu*zen (zu: Schnauze) **Ausnahmen:** Kn*äu*el, r*äu*spern, S*äu*le, str*äu*ben

Wörter mit ei und ai

Die Schreibung **e** plus **i** ist am häufigsten.	b*ei*de, Bl*ei*, dr*ei*, *Ei*er, L*ei*b (= Körper), L*ei*m, L*ei*ter, r*ei*n, S*ei*te (= Buchseite), Z*ei*t
In einer eng begrenzten Zahl von Wörtern wird **ai** geschrieben.	H*ai*, H*ai*n, K*ai*ser, L*ai*b (= Brotlaib), L*ai*ch, Lak*ai*, M*ai*d, M*ai*s, R*ai*n, S*ai*te (an einem Musikinstrument), T*ai*fun, W*ai*se

Die Wiedergabe der s-Laute

Im Deutschen unterscheidet man zwei s-Laute: das **stimmhafte** (weiche) **s** und das **stimmlose** (scharfe) **s**. Die beiden s-Laute werden in drei verschiedenen Formen wiedergegeben: durch **s** (einfaches **s**), durch **ss** (Doppel-**s**) und durch **ß** (scharfes **s**, Eszett). In der Schweiz wird statt **ß** generell **ss** geschrieben.

stimmhaftes s: Das stimmhafte s wird immer als (einfaches) s wiedergegeben.	
Am **Wortanfang** steht vor einem Vokal immer das stimmhafte s.	*S*aal, *S*alz, *S*auna, *S*ee, *S*eite, *s*ieben, *S*ucht
Im **Wortinneren** steht das stimmhafte s häufig zwischen zwei Vokalen.	bö*s*e, Do*s*e, le*s*en, Ha*s*e, Rei*s*e, tau*s*end, Wie*s*e
Das stimmhafte s steht auch nach den Konsonanten **l, m, n** und **r**, wenn ein Vokal folgt.	Fel*s*en, Häl*s*e; Am*s*el, Gäm*s*e; In*s*el, Zin*s*en; Fer*s*e, Kur*s*e

stimmloses s: Das stimmlose s wird je nach Stellung und Umgebung im Wort als ss und ß wiedergegeben.	
Nach einem **kurzen, betonten** Vokal wird das stimmlose s in der Regel als **ss** wiedergegeben.	e*ss*en, Fä*ss*er, Flü*ss*e, ha*ss*en, kü*ss*en, la*ss*en, me*ss*en, pre*ss*en, Schü*ss*el, Fa*ss*, Genu*ss*, Kongre*ss*, Ku*ss*, mu*ss*, na*ss* **aber:** bi*s*, bi*s*t, wa*s*
Das **ss** bleibt auch vor der **Zusammensetzungsfuge** erhalten.	Nu*ss*schokolade, Mi*ss*stand
Nach einem **langen** Vokal oder einem **Diphthong** wird das stimmlose s in der Regel als **ß** wiedergegeben.	blo*ß*, Fü*ß*e, Gru*ß*, Klo*ß*, Stra*ß*e, Versto*ß* anschlie*ß*end, au*ß*en, bei*ß*en, flie*ß*en, Flei*ß*, hei*ß*en, Spie*ß*, Strau*ß* **aber:** Hau*s* (wegen stimmhaftem Häuser), Gla*s* (wegen stimmhaftem Gläser), au*s*, Rei*s*

Gleich und ähnlich klingende Wörter

das / dass:	
das ist eine Form des • bestimmten **Artikels** (Geschlechtsworts), • **Demonstrativpronomens** (hinweisenden Fürworts), • **Relativpronomens** (bezüglichen Fürworts).	der Mann, die Frau, *das* Kind Sagen Sie *das* bitte noch einmal. *Das* kann ich so nicht akzeptieren. Das Lexikon, *das* ich dir geliehen habe, trägt den Titel „Der Brockhaus in einem Band“.
dass ist eine **Konjunktion** (ein Bindewort).	Ich glaube, *dass* Sie nun die Wörter „das“ und „dass“ unterscheiden können.
ent- / end-:	
Die Vorsilbe **ent-** wird mit **t** geschrieben.	*ent*behren, *ent*decken, *ent*flammbar, *ent*kommen, *Ent*lassung, *Ent*scheidung
Zusammensetzungen mit und Ableitungen von **Ende** werden mit **d** geschrieben.	be*end*en, *end*gültig, *end*lich, *End*punkt, *End*silbe, *End*spiel, Wochen*end*e

fer- / ver-:	
Mit **f** schreibt man das Wort **fertig und alle verwandten Wörter.**	ab*fertig*en, an*fertig*en, *Fertig*ung, schlag*fertig*
Mit **v** schreibt man die Vorsilbe **ver-.**	*ver*geben, *ver*lieren, *ver*lassen, *ver*sagen, *ver*sprechen
fiel / viel:	
fiel ist eine Vergangenheitsform des Verbs (Zeitworts) **fallen.**	Die Gabel *fiel* auf den Boden.
viel ist ein **unbestimmtes Zahladjektiv** (Zahlwort) und bedeutet **„eine Menge".**	*viel* Ärger, *viel* Geld *viele* Probleme, *viele* Gegenstände
seit / seid:	
seit ist eine • **Präposition** (ein Verhältniswort) und • **Konjunktion** (ein Bindewort).	*Seit* deiner Abreise ist viel passiert. *Seit* er das Haus verlassen hat, wird er von der Polizei beobachtet.
seid ist eine konjugierte (gebeugte) Form des Verbs (Zeitworts) **sein.**	*Seid* bitte nett zueinander. *Seid* ihr gut in Regensburg angekommen?
tod- / tot-:	
Zusammensetzungen mit dem **Substantiv** (Hauptwort) **Tod** werden mit **d** geschrieben. Es handelt sich dabei in der Regel um **Adjektive** (Eigenschaftswörter).	*tod*blass, *tod*elend, *tod*ernst, *tod*krank, *tod*matt, *tod*müde, *tod*schick, *tod*sicher
Zusammensetzungen mit dem **Adjektiv** (Eigenschaftswort) **tot** werden mit **t** geschrieben. Es handelt sich dabei in der Regel um **Verben** (Zeitwörter).	*tot*arbeiten, *tot*fahren, *tot*lachen, *tot*schlagen, *tot*schießen, *tot*treten
wieder / wider:	
wieder bedeutet **„noch einmal, erneut".**	Er kommt *wieder*. Der *Wieder*aufbau beginnt. „Recycling" heißt „*Wieder*verwertung".
wider bedeutet **„gegen, entgegen".**	Sie wird uns *wider*sprechen. Die Behauptung ist nicht *wider*legbar. Er hat seine Aussagen *wider*rufen.

Die Schreibung der Fremdwörter

Angleichung der Fremdwörter:	
Häufig verwendete Fremdwörter folgen den Regeln der **deutschen** Rechtschreibung.	Akzent (von lat. accentus) Baracke (von frz. baraque) Büro (von frz. bureau) Kabinett (von frz. cabinet) Keks (von engl. cake) Streik (von engl. strike)
Bei manchen Fremdwörtern stehen die **eingedeutschten** Schreibungen und die in der Fremdsprache üblichen Schreibweisen gleichberechtigt nebeneinander.	Delfin / Delphin, Fassette / Facette, Frigidär / Frigidaire, Ginko / Ginkgo, Jogurt / Joghurt, Justiziar / Justitiar, Katarr / Katarrh, Ketschup / Ketchup, Myrre / Myrrhe, Panter / Panther
Dabei sind folgende Regeln zu beachten: • Die Verbindung **ph** kann in allen Wörtern mit den Stämmen **phon, phot** und **graph** durch **f** ersetzt werden.	Dikta*fon* / Dikta*phon* Grammo*fon* / Grammo*phon* Mega*fon* / Mega*phon* *Fotografi*e / *Photograph*ie Bio*grafi*e / Bio*graph*ie Lexiko*grafi*e / Lexiko*graph*ie Ortho*grafi*e / Ortho*graph*ie
• Die französischen Endungen **é** und **ée** können in einigen Wörtern durch **ee** ersetzt werden.	Drap*ee* / Drap*é* Expos*ee* / Expos*é* Frapp*ee* / Frapp*é* pass*ee* / pass*é* Romm*ee* / Romm*é* Separ*ee* / Sépar*ée*
• Wörter mit den Endungen **-tial** und **-tiell** können mit **z** geschrieben werden, wenn **verwandte** Wörter auf **z** existieren.	differen*zial* (zu: Differenz) / differen*tial* essen*ziell* (zu: Essenz) / essen*tiell* poten*ziell* (zu: Potenz) / poten*tiell* substan*ziell* (zu: Substanz) / substan*tiell*

Besonderheiten:	
In Fremdwörtern aus dem Griechischen finden sich oftmals Schreibweisen mit • **ph,**	Al*ph*abet, Apostro*ph*, As*ph*alt, Katastro*ph*e, Meta*ph*er, *Ph*änomen, *Ph*ilosop*h*ie, *Ph*ysik, S*ph*äre, Stro*ph*e, Trium*ph*
• **rh,**	*Rh*etorik, *Rh*euma, *Rh*ombus, *Rh*ythmus
• **th.**	Apo*th*eke, Biblio*th*ek, Disko*th*ek, E*th*os, Leichta*th*letik, Ma*th*ematik, *Th*eater, *Th*eke, *Th*ese, *Th*ron
Eine Reihe von Fremdwörtern wird mit **y** geschrieben, obwohl **ü** gesprochen wird.	Anal*y*se, As*y*l, D*y*namit, D*y*namo, Embr*y*o, G*y*mnastik, H*y*giene, H*y*drant, Ps*y*chologie, P*y*ramide, S*y*nthese, t*y*pisch, Z*y*presse
In Fremdwörtern aus dem Französischen wird der **u**-Laut in der Regel durch **ou** wiedergegeben.	J*ou*rnal, Lim*ou*sine, part*ou*t, R*ou*tine, Ress*ou*rcen, R*ou*te, S*ou*brette, S*ou*ffleuse, S*ou*venir, s*ou*verän **Doppelformen:** N*u*gat / N*ou*gat, Brav*u*r / Brav*ou*r
Bei Fremdwörtern mit den Endungen -**and** und -**end** kommt die **passive** Bedeutung zum Ausdruck.	Examin*and* (jemand, der examiniert wird), Konfirm*and*, Rehabilit*and* Divid*end*, Promov*end*, Subtrah*end*
Bei Fremdwörtern mit den Endungen -**ant** und -**ent** kommt die **aktive** Bedeutung zum Ausdruck.	Demonstr*ant* (jemand, der demonstriert), Protokoll*ant*, Gratul*ant* Assist*ent*, Abonn*ent*, Dirig*ent*, Konkurr*ent*

Die Getrennt- und Zusammenschreibung

Grundlagen

Im Bereich **Getrennt- und Zusammenschreibung** wird die Schreibung zweier im Text aufeinander folgender Wörter geregelt. Dabei wird den **Wortarten** besondere Beachtung geschenkt, da für jede Wortart jeweils eigene Bedingungen gelten.

Verbindungen mit einem Verb

Verb plus Verb:	
Verbindungen aus **Verb** (Zeitwort) plus **Verb** werden in der Regel **getrennt** geschrieben.	bade*n* *g*ehen, laufe*n* *l*ernen, lese*n* *ü*ben, spaziere*n* *g*ehen
Verbindungen mit **bleiben** oder **lassen** können wahlweise **getrennt oder zusammengeschrieben** werden, wenn die Verbindung im **übertragenen** Sinne verwendet wird. Die Verbindung aus **kennen** und **lernen** kann ebenfalls wahlweise **getrennt oder zusammengeschrieben** werden.	liege*n* *b*leiben / liege*nb*leiben (unerledigt bleiben) stehe*n* *l*assen / stehe*nl*assen (nicht länger beachten, sich abwenden) kenne*n* *l*ernen / kenne*nl*ernen
Verbindungen mit dem **Verb** (Zeitwort) **sein** werden **getrennt** geschrieben.	d*a* *s*ein, dabe*i* *s*ein, hie*r* *s*ein, zusamme*n* *s*ein

Partizip plus Verb:	
Verbindungen aus **Partizip** (Mittelwort) plus **Verb** (Zeitwort) werden in der Regel **getrennt** geschrieben.	geliehe*n* *b*ekommen, geschenk*t* *b*ekommen, getrenn*t* *s*chreiben, gefange*n* *h*alten, gefange*n* *n*ehmen

Adjektiv plus Verb:	
Verbindungen aus **Adjektiv** (Eigenschaftswort) und **Verb** (Zeitwort) werden **zusammengeschrieben,** wenn durch die Verbindung eine **neue Gesamtbedeutung** entsteht, die über die Bedeutung ihrer einzelnen Bestandteile hinausgeht („Idiomatisierung").	kran*ks*chreiben, (jemanden) fre*is*prechen, kürze*rt*reten (sich einschränken), heili*gs*prechen, schwe*rf*allen (Mühe verursachen)
Lässt sich **nicht genau entscheiden,** ob eine neue, idiomatisierte Gesamtbedeutung vorliegt, kann **getrennt oder zusammengeschrieben** werden.	(ein paar Tage) fre*i* *b*ekommen / fre*ib*ekommen, (etwas) gerin*g* *a*chten / gerin*ga*chten, (sich über etwas) kla*r* *w*erden / kla*rw*erden

Es kann **getrennt oder zusammengeschrieben** werden, wenn die mit einem einfachen Adjektiv beschriebene Eigenschaft das **Ergebnis** der mit einem folgenden einfachen Verb beschriebenen Tätigkeit ist.	blan*k* *p*utzen / blan*kp*utzen glat*t* *h*obeln / glat*th*obeln lee*r* *e*ssen / lee*re*ssen **aber nur:** spiegelblan*k* *p*utzen, bla*u* *a*nstreichen
In den anderen Fällen wird in der Regel **getrennt geschrieben.** Dazu zählen vor allem Verbindungen mit Adjektiven (Eigenschaftswörtern), die aus mehreren Wörtern zusammengesetzt oder (zum Beispiel durch *sehr* oder *ganz*) erweitert sind.	bewusstlo*s* *s*chlagen dingfes*t* *m*achen ganz nah*e* *k*ommen

Andere Wortarten plus Verb:	
Verbindungen aus **Präposition** (Verhältniswort) und **Verb** (Zeitwort) schreibt man **zusammen.**	a*bf*allen, au*sr*ufen, entgege*ng*ehen, gege*ns*teuern, nac*hd*enken, übe*rq*ueren, unte*rs*agen, z*um*achen
Verbindungen aus **Adverb** (Umstandswort) und **Verb** (Zeitwort) schreibt man in der Regel **zusammen,** wenn hauptsächlich der erste Bestandteil, das Adverb, betont ist.	(sich mit etwas) auseinande*rs*etzen, herbe*ie*ilen, niede*rl*egen, vorau*sf*ahren, wiede*rk*ommen (zurückkommen) **aber:** sie kann wiede*r* *l*achen
Verbindungen aus den heute meist nicht mehr als freie Wörter vorkommenden ersten Bestandteilen **abhanden-, anheim-, bevor-, dar-, einher-, entzwei-, fürlieb-, hintan-, inne-, überein-, überhand-, umhin-, vorlieb-, zurecht-** und einem Verb (Zeitwort) werden zusammengeschrieben.	abhande*nk*ommen, anhei*ms*tellen, bevo*rs*tehen, da*rb*ringen, einhe*rg*ehen, entzwe*ig*ehen, fürlie*bn*ehmen, hinta*ns*tellen, inn*eh*alten, überei*ns*timmen, überhan*dn*ehmen, (nicht) umhi*nk*önnen, vorlie*bn*ehmen, zurech*tk*ommen
Dazu gehören auch die folgenden ersten Bestandteile, die in der Verbindung mit dem Verb (Zeitwort) keiner bestimmten Wortart zugeordnet werden können: **fehl-, feil-, heim-, irre-, kund-, preis-, wahr-, weis-, wett-.**	feh*lg*ehen, fei*lb*ieten, hei*ms*uchen, irr*el*eiten, kun*dt*un, prei*sg*eben, wah*rs*agen, wei*sm*achen, wet*te*ifern

Substantiv plus Verb:	
Verbindungen aus **Substantiv** (Hauptwort) und **Verb** (Zeitwort) werden **zusammengeschrieben,** wenn das Substantiv als verblasst angesehen wird.	ei*sl*aufen, kop*fs*tehen, stan*dh*alten, tei*lh*aben, wunde*rn*ehmen (ich laufe eis, ich stehe kopf usw.)
Verbindungen aus **Substantiv** (Hauptwort) und **Verb** (Zeitwort) schreibt man **getrennt,** wenn das Substantiv als eigenständig angesehen wird.	Aut*o* *f*ahren, Ra*d* *f*ahren, Feue*r* *f*angen, Schlang*e* *s*tehen, Sk*i* *l*aufen

Untrennbare, feste Verbindungen aus Substantiv (Hauptwort) und Verb (Zeitwort) werden **zusammengeschrieben.**	bauc*hr*eden, berg*s*teigen, bruc*hl*anden, bruc*hr*echnen, kop*fr*echnen, no*tl*anden, punk*ts*chweißen, schla*fw*andeln, sege*lf*liegen, sei*lt*anzen, seite*ns*chwimmen, sonne*nb*aden, we*ttl*aufen, we*ttr*ennen, zwang*sr*äumen
Getrennt oder zusammengeschrieben werden können bestimmte Verbindungen mit **Acht / acht-, Halt / halt-** und **Maß / maß-,** wenn die Formen nicht erweitert oder näher bestimmt sind.	Ich muss Ach*t g*eben / ach*tg*eben. Sie hat Ach*t g*egeben / ach*tg*egeben. Wir können jetzt Hal*t m*achen / hal*tm*achen. Er hat immer in allen Dingen Ma*ß g*ehalten / ma*ßg*ehalten. **aber nur:** Ich muss sehr ach*tg*eben. Sie hat allergrößte Ach*t g*egeben. Wir können jetzt einen kurzen Hal*t m*achen.

Verbindungen aus Präposition (Verhältniswort) plus Substantiv

Bestimmte häufig gebrauchte Verbindungen aus **Präposition** (Verhältniswort) plus **Substantiv** (Hauptwort) können **zusammen**- oder **getrennt** geschrieben werden.	au*fs*eiten / au*f S*eiten vo*ns*eiten / vo*n S*eiten mi*th*ilfe / mi*t H*ilfe *zug*unsten / *zu G*unsten *zuu*ngunsten / *zu U*ngunsten *zul*asten / *zu L*asten auß*ers*tande / auß*er S*tande (sein) i*ms*tande / i*m S*tande (sein) i*nf*rage / i*n F*rage (stellen) i*ns*tand / i*n S*tand (setzen) *zug*runde / *zu G*runde (gehen) *zul*eide / *zu L*eide (tun) *zum*ute / *zu M*ute (sein) *zur*ande / *zu R*ande (kommen) *zus*chanden / *zu S*chanden (machen) *zus*tande / *zu S*tande (bringen) *zut*age / *zu T*age (fördern) *zuw*ege / *zu W*ege (bringen)

Verbindungen mit einem Partizip oder Adjektiv

Substantiv plus Partizip oder Adjektiv:	
Verbindungen aus **Substantiv** (Hauptwort) plus **Partizip** (Mittelwort) werden **zusammengeschrieben,** wenn der erste Bestandteil für eine **Wortgruppe** steht oder in dieser Form **nicht** selbstständig vorkommt.	bah*nb*rechend (sich eine Bahn brechend) freud*es*trahlend (vor Freude strahlend) herz*e*rquickend (das Herz erquickend) luf*tg*ekühlt (mit Luft gekühlt) zei*ta*bhängig (von der Zeit abhängig) schne*ew*eiß (weiß wie Schnee) gren*zü*berschreitend, frie*dl*iebend, nut*zb*ringend
Dies gilt generell bei Zusammensetzungen mit einem **Fugenelement.**	arbeit*se*rleichternd, feuchtigkeit*ss*pendend, alter*ss*chwach, anlehnung*sb*edürftig, leben*sf*remd; sonne*na*rm
Ist der erste Bestandteil **bedeutungsverstärkend** oder **bedeutungsabschwächend,** wird ebenfalls **zusammengeschrieben.**	bran*dn*eu, er*zk*onservativ, stoc*kd*unkel, to*dt*raurig

Adjektiv plus Adjektiv oder Partizip:	
Verbindungen aus **Adjektiv** (Eigenschaftswort) und **Adjektiv** oder **Partizip** (Mittelwort) werden **zusammengeschrieben,** wenn der erste Bestandteil **bedeutungsverstärkend** oder **bedeutungsabschwächend** ist.	bitte*rb*öse, dunke*lb*lau, la*uw*arm, supe*rs*chlau

Einzelfallregelungen

Adjektiv oder Substantiv plus Partizip:	
Verbindungen aus Adjektiv (Eigenschaftswort) oder Substantiv (Hauptwort) plus Partizip (Mittelwort) können **getrennt** oder **zusammengeschrieben** werden, wenn sie wie ein Adjektiv gebraucht und als Einheit empfunden werden.	Erholung suchende / erholungsuchende Großstädter dünn besiedelte / dünnbesiedelte Gebiete

Verbindungen mit irgend-:	
Verbindungen mit **irgend-** werden immer **zusammengeschrieben.**	irgen*dw*ann, irgen*dw*er, irgen*dw*ohin, irgen*de*twas, irgen*dj*emand

Verbindungen aus nicht plus Adjektiv:	
Verbindungen aus **nicht** plus **Adjektiv** (Eigenschaftswort) können wahlweise **zusammen-** oder **getrennt** geschrieben werden.	die nich*ta*mtliche Nachricht / die nich*t a*mtliche Nachricht der nich*tb*erufstätige Elternteil / der nich*t b*erufstätige Elternteil die nich*tö*ffentliche Verhandlung / die nich*t ö*ffentliche Verhandlung **aber:** Die Verhandlung findet nich*t ö*ffentlich statt.

Verbindungen aus so / wie / zu plus Adjektiv / Adverb:	
Verbindungen aus den Wörtern **so, wie, zu** plus Adjektiv (Eigenschaftswort) oder Adverb (Umstandswort) werden **getrennt** geschrieben.	*so v*iel, *so v*iele; wie *v*iel, wie *v*iele; *zu v*iel, *zu w*enig
Ausnahmen: Die Konjunktionen (Bindewörter) **soviel** und **soweit** werden **zusammengeschrieben.**	*Sov*iel / *Sow*eit mir bekannt ist …

Die Schreibung mit Bindestrich

Grundlagen

In der deutschen Rechtschreibung gliedert der **Bindestrich** unübersichtliche Zusammensetzungen. Dadurch trägt er zur besseren Lesbarkeit des Textes bei.

Hinweis: Die Regeln zum Gebrauch des Ergänzungsstrichs (oder: Ergänzungsbindestrichs) werden im Abschnitt „Die Zeichensetzung“ dargestellt.

Zusammensetzungen mit Einzelbuchstaben, Abkürzungen und Ziffern

Der Bindestrich steht in Zusammensetzungen mit • **Einzelbuchstaben,** • **Abkürzungen,** • **Ziffern.**	A-Dur, b-Moll, s-Laut, T-Shirt, x-beliebig Fugen-s, Dativ-e, Dehnungs-h Kfz-Papiere, Lkw-Fahrer, UV-bestrahlt Abt.-Ltr., Dipl.-Ing., Rechng.-Nr. 6-jährig, (der / die) 6-Jährige, 3-mal, 100-prozentig, 4-silbig, 3-Karäter, 2-Pfünder, 3-Tonner, 8-Zylinder
Kein Bindestrich wird in der Regel gesetzt, wenn die Ziffer mit einer **Nachsilbe** verbunden ist.	(ein) *10t*el, (ein) *68er*
Der Bindestrich steht jedoch, wenn die Ziffer und die Nachsilbe Bestandteile einer **Zusammensetzung** sind.	(die) 20er-Gruppe, (die) 61er-Bildröhre, (die) 68er-Generation
Bei Verbindungen mit **-fach** und dem Wort **Jahr** ist wahlweise die Schreibung **mit** oder **ohne** Bindestrich möglich.	*3-f*ach / *3f*ach, (das) *3-F*ache, (das) *3f*ache (die) 60er-Jahre / (die) 60*er J*ahre, (in den) 80er-Jahren / (in den) 80*er J*ahren

Der Durchkopplungsbindestrich

Zusammensetzungen mit Einzelbuchstaben, Abkürzungen und Ziffern:	
Der Bindestrich steht als Durchkopplungsbindestrich in **Zusammensetzungen** mit • **Einzelbuchstaben,** • **Abkürzungen,** • **Ziffern.**	A-Dur-Tonleiter, E-Dur-Tonleiter, S-Kurven-reich, Vitamin-C-haltig K.-o.-Schlag, UV-Strahlen-gefährdet 35-Stunden-Woche, 45-Cent-Briefmarke, 100-m-Lauf, 8-Zylinder-Motor

Zusammensetzungen mit aneinandergereihten Substantiven und substantivierten Infinitiven:	
Der Bindestrich steht als Durchkopplungsbindestrich • in **Zusammensetzungen** mit **aneinandergereihten Substantiven** (Hauptwörtern) und • in sonst **unübersichtlichen Zusammensetzungen** mit **substantivierten Infinitiven** (als Hauptwort gebrauchten Grundformen).	Berg-und-Tal-Bahn Frage-und-Antwort-Spiel Wort-für-Wort-Übersetzung zum Aus-der-Haut-Fahren sein das In-den-April-Schicken

Weitere Anwendungsregeln

Hervorhebung einzelner Bestandteile:	
Der Bindestrich kann zur **Hervorhebung** von einzelnen Bestandteilen gesetzt werden.	be-greifen, dass-Satz, (die) Hoch-Zeit, (das) Nach-Denken, Soll-Stärke, Vor-Sätze

Gliederung unübersichtlicher Zusammensetzungen:	
Der Bindestrich kann zur Gliederung von **unübersichtlichen** Zusammensetzungen gesetzt werden.	Arbeiter-Unfallversicherungsgesetz, Gemeindegrundsteuer-Veranlagung, Eisenbahn-Fahrplan, Lotto-Annahmestelle

Vermeidung von Missverständnissen:	
Der Bindestrich kann zur Vermeidung von **Missverständnissen** gesetzt werden.	Drucker-Zeugnis / Druck-Erzeugnis, Musiker-Leben / Musik-Erleben

Zusammentreffen von drei gleichen Buchstaben:	
Der Bindestrich kann beim Zusammentreffen von **drei gleichen** Buchstaben gesetzt werden. Daneben ist auch die **Zusammenschreibung** des Wortes möglich.	Blatt-Trieb / Blat*tt*rieb Schiff-Fahrt / Schif*ff*ahrt Kaffee-Ernte / Kaffe*ee*rnte Zoo-Orchester / Zo*oo*rchester

Der Bindestrich bei mehrgliedrigen Fremdwörtern

Der Bindestrich kann bei **mehrgliedrigen Fremdwörtern** gesetzt werden, um die Übersichtlichkeit zu erhöhen. Daneben ist auch die **Zusammenschreibung** der Wörter möglich.	Ai*rc*onditioning / Air-Conditioning Blac*ko*ut / Black-out Coun*td*own / Count-down Fee*db*ack / Feed-back Han*do*ut / Hand-out Knoc*ko*ut / Knock-out La*yo*ut / Lay-out Midlif*ec*risis / Midlife-Crisis Pla*yb*ack / Play-back Scienc*ef*iction / Science-Fiction
Verbindungen aus **Adjektiv** (Eigenschaftswort) und **Substantiv** (Hauptwort) können wahlweise **zusammen**- oder **getrennt** geschrieben werden, wenn der Hauptakzent auf dem ersten Bestandteil liegt.	Blac*kb*ox / Blac*k* *B*ox Fas*tf*ood / Fas*t* *F*ood Happ*ye*nd / Happ*y* *E*nd Har*dr*ock / Har*d* *R*ock Ho*td*og / Ho*t* *D*og **aber nur:** Electroni*c* *B*anking Ne*w* *E*conomy Sudde*n* *D*eath
Die Fremdwörter werden jedoch **zusammengeschrieben**, wenn der erste Bestandteil **kein** selbstständiges Wort ist.	afr*oa*merikanisch, Afr*ol*ook, gall*or*omanisch, Ne*ol*iberalismus

Die Groß- und Kleinschreibung

Grundlagen

Im Deutschen gibt es **Großbuchstaben** und **Kleinbuchstaben.** Mit Ausnahme des **ß**, das ausschließlich als Kleinbuchstabe existiert, ist jedem Kleinbuchstaben ein Großbuchstabe zugeordnet. Die beiden Arten von Buchstaben haben im geschriebenen Text unterschiedliche Funktionen, die im Folgenden dargestellt werden.

Die Großschreibung

Die Großschreibung am Satzanfang:	
Das **erste** Wort eines selbstständigen **Satzes** wird **großgeschrieben.**	*D*as erste Wort eines selbstständigen Satzes wird großgeschrieben. *D*as Telefon fiel auf den Boden. *W*arum hast du mich nicht gefragt?
Dies gilt auch für den Beginn der **direkten** (wörtlichen) **Rede.**	Er fragte: „*W*ohin gehst du?" „*W*ie stellst du dir das vor?", sagte sie.
Ein **Apostroph** (Auslassungszeichen) oder **drei Auslassungspunkte** zu Beginn eines Satzes werden als **Satzanfang** aufgefasst.	's war 'n Erlebnis wert! ... doch sehen Sie selbst!

Die Großschreibung bei Überschriften und Titeln:	
Das **erste** Wort einer **Überschrift** oder eines **Titels** wird **großgeschrieben.**	*M*ein schönster Traum (Überschrift eines Aufsatzes) *R*ichtiges und gutes Deutsch (Buchtitel) *E*in Fall für zwei (Titel einer Fernsehserie) *D*er Spiegel (Titel eines Wochenmagazins)

Die Großschreibung von Substantiven:	
Substantive (Hauptwörter) werden **großgeschrieben.**	*A*pfel, *B*all, *F*rau, *F*reiheit, *F*reude, *G*esundheit, *K*ind, *L*iebe, *M*ann, *S*ahne
Dies gilt auch für **Fremdwörter.**	*C*omputer, *L*inguistik, *O*rthografie, *P*sychologie, *R*eaktor, *T*ableau; *D*esktop-*P*ublishing, *K*now-how, *M*ake-up

Die Großschreibung von substantivierten Wörtern:	
Substantivierte (als Hauptwörter gebrauchte) **Wörter** werden **großgeschrieben.** Die Substantivierung wird in der Regel durch einen **Begleiter** angekündigt: • **Ankündigung** durch einen **Artikel** (ein Geschlechtswort); • **Ankündigung** durch ein **Adjektiv** (Eigenschaftswort) als **Attribut** (Beifügung); • **Ankündigung** durch eine **Präposition** (ein Verhältniswort); • **Ankündigung** durch ein **Pronomen** (Fürwort) oder ein **unbestimmtes Zahladjektiv** (Zahlwort).	 das *S*ingen, das *E*islaufen, das *B*lau des Himmels, die *N*ull, ein *H*in und *H*er das kurze *Z*ögern, das langsame *S*ummen, ein heftiges *B*rummen, ein lautes *S*chreien beim *R*eden, im *A*llgemeinen, im *F*olgenden, vom *T*anzen, zum *L*esen dein *S*chnarchen, etwas *V*erdächtiges, jeder *B*eliebige, kein *N*achdenken
Substantivierte Verben:	
Substantivierte **Verben** (Zeitwörter) werden **großgeschrieben.**	das *S*ingen, das *S*pielen, beim *T*urnen, im *G*ehen, vom *L*aufen, zum *L*achen
Substantivierte Adjektive und Partizipien:	
Substantivierte **Adjektive** (Eigenschaftswörter) und **Partizipien** (Mittelwörter) werden **großgeschrieben.** Vor ihnen stehen oftmals Wörter wie **alles, allerlei, etwas, genug, nichts, viel, wenig.**	alles *G*ute, allerlei *W*ichtiges, etwas *N*eues, genug *A*ufregendes, nichts *W*ichtiges, viel *G*esüßtes, wenig *N*ützliches
Dies gilt auch für substantivierte **Adjektive** (Eigenschaftswörter) und **Partizipien** (Mittelwörter) in festen **Redewendungen.** **Ausnahmen:** Feste Verbindungen aus **Präposition** (Verhältniswort) und nichtdekliniertem **Adjektiv** (Eigenschaftswort) **ohne** vorangehenden **Artikel** (Geschlechtswort) werden **kleingeschrieben.** Bei dekliniertem Adjektiv (Eigenschaftswort) kann **groß-** oder **kleingeschrieben** werden.	den *K*ürzeren ziehen auf dem *L*aufenden bleiben auf dem *T*rockenen sitzen aus dem *V*ollen schöpfen im *D*unkeln tappen im *R*einen sein im *T*rüben fischen durch *d*ick und *d*ünn über *k*urz oder *l*ang von *f*rüh auf von *f*rüh bis *s*pät von *n*ah und *f*ern von *n*euem / von *N*euem bis auf *w*eiteres / bis auf *W*eiteres seit *l*ängerem / seit *L*ängerem

Auch **Adjektive** (Eigenschaftswörter) in **Paarformeln** zur Bezeichnung von Personen werden **großgeschrieben.**	*A*rm und *R*eich, *G*leich und *G*leich, *G*roß und *K*lein, *J*ung und *A*lt
Substantivierte Zahladjektive:	
Substantivierte **Zahladjektive** (Zahlwörter) werden **großgeschrieben.**	eine *S*echs würfeln, eine *Z*wei in Deutsch, am *Z*ehnten des Monats, als *E*rster an der Reihe sein, die Rechte *D*ritter verletzen
Ausnahmen: **Alters-** und **Zeitangaben** werden **kleingeschrieben.**	*a*chtzehn (Jahre) alt werden Personen über *s*echzig um *s*echs (Uhr) anrufen
andere Wortarten:	
Auch **andere** Wortarten können die Rolle eines **Substantivs** (Hauptworts) einnehmen. Diese Wörter werden ebenfalls **großgeschrieben.**	
Dies betrifft • substantivierte **Adverbien** (Umstandswörter);	das *A*uf und *N*ieder, das *D*rum und *D*ran, das *H*in und *H*er, das *J*a und *N*ein
• substantivierte **Präpositionen** (Verhältniswörter) und **Konjunktionen** (Bindewörter);	das *F*ür und *W*ider, das *W*enn und *A*ber, das *A*ls-ob, das *E*ntweder-oder
• substantivierte **Interjektionen** (Empfindungswörter).	das *B*imbam, das *O*h, das *T*öfftöff, das *W*auwau, das *W*eh und *A*ch

Die Großschreibung des Anredepronomens:	
Das **Anredepronomen** (Anredefürwort) **Sie** sowie die davon abgeleiteten Formen **Ihre, Ihnen** usw. werden **großgeschrieben.**	Ich danke *I*hnen herzlich für *I*hr Schreiben und freue mich, dass *S*ie uns bald besuchen werden.
Die **Anredepronomen** (Anredefürwörter) **du** und **ihr** sowie die davon abgeleiteten Formen **dein** und **euer** werden **kleingeschrieben.**	Was fällt *d*ir an den Wörtern auf? Übertrage sie in *d*ein Heft. Über *e*ure Worte habe ich lange nachgedacht.
In **Briefen** kann **auch großgeschrieben** werden.	Lieber Markus, ich danke *d*ir/*D*ir herzlich für *d*ein/*D*ein Schreiben und freue mich, dass *d*u/*D*u uns bald besuchen wirst.

Die Großschreibung von Eigennamen:	
Eigennamen werden **großgeschrieben.**	
Dies betrifft • **Personennamen,**	*H*einrich *H*eine, *K*onrad *D*uden, *J*ohann *W*olfgang von *G*oethe
• **geografische Namen** von Erdteilen, Ländern, Regionen, Städten, Straßen, Landschaften, Meeren, Seen, Flüssen und Bergen,	*E*uropa, *D*eutschland, *N*ordrhein-*W*estfalen, *M*ünchen, *M*annheimer Straße, *B*ayerischer Wald, *S*chwarzes Meer, *D*onau, *Z*ugspitze
• **Sternbilder** und **Himmelskörper,**	*M*ars, *S*aturn, *O*rion, *K*leiner Bär, *G*roßer Wagen
• **Namen** von **Institutionen, Behörden, Parteien, Firmen** usw.,	*D*eutscher Bundestag, *V*ereinte Nationen, *D*eutsche Post
• **historische Ereignisse,**	die *F*ranzösische Revolution, der *W*estfälische Friede
• **Titel und Ehrenbezeichnungen.**	der *H*eilige Vater, der *R*egierende Bürgermeister (von Berlin)
Personennamen:	
Die zu einem Personennamen gehörenden • **Adjektive** (Eigenschaftswörter) und **Partizipien** (Mittelwörter),	der *A*lte Fritz, Katharina die *G*roße Albrecht der *E*ntartete
• **Pronomen** (Fürwörter),	*U*nsere Liebe Frau (Maria als Mutter Gottes)
• **Zahladjektive** (Zahlwörter) werden ebenfalls **großgeschrieben.**	Elisabeth die *Z*weite, Karl der *A*chte, Ludwig der *E*rste
Von Personennamen abgeleitete **Adjektive** (Eigenschaftswörter) werden dagegen in der Regel **kleingeschrieben.**	*e*insteinsche Relativitätstheorie *f*reudsche Fehlleistung *g*rimmsche Märchen *l*uthersche Bibelübersetzung *o*hmsches Gesetz
Zur Hervorhebung des Personennamens ist es auch möglich, den Namensteil **großzuschreiben** und ihn durch einen **Apostroph** (Auslassungszeichen) von der Endung abzutrennen.	*E*instein'sche Relativitätstheorie *F*reud'sche Fehlleistung *G*rimm'sche Märchen *L*uther'sche Bibelübersetzung *O*hm'sches Gesetz

geografische Namen:	
Die zu einem geografischen Namen gehörenden **Adjektive** (Eigenschaftswörter) und **Partizipien** (Mittelwörter) werden **großgeschrieben**.	der *B*ayerische *W*ald, das *R*ote Meer, der *I*ndische Ozean, der *S*tille Ozean, das Kap der *G*uten Hoffnung die *V*ereinigten Staaten von Amerika
Von geografischen Namen abgeleitete Wörter auf **-er** werden ausnahmslos **großgeschrieben.**	der *H*amburger Hafen, der *S*chweizer Käse, das *W*iener Schnitzel
Von geografischen Namen abgeleitete Wörter auf **-isch** werden **kleingeschrieben**, wenn sie **nicht** Teil eines Eigennamens sind.	der *b*adische Wein, der *h*olländische Käse, der *i*ndische Tee, das *r*ussische Roulette **aber:** die *M*ecklenburgische Seenplatte

Die Kleinschreibung

Die Kleinschreibung der Wörter, die keine Substantive sind:	
Alle Wörter, die **keine** Substantive (Hauptwörter) sind, werden **kleingeschrieben.**	
Dies betrifft • **Verben** (Zeitwörter),	*b*acken, *g*ehen, *l*aufen, *s*ingen, *t*anzen
• **Adjektive** (Eigenschaftswörter) und **Partizipien** (Mittelwörter),	*a*lt, *j*ung, *k*lein, *n*ett, *s*chnell, *s*chön *l*aufend, *w*inkend; *g*ehört, *g*eschrieben
• **Artikel** (Geschlechtswörter),	*d*er, *d*ie, *d*as, *e*in, *e*ine
• **Pronomen** (Fürwörter),	*i*ch, *d*u, *e*r, *s*ie, *e*s, *m*ein, *d*ein, *e*uer
• **Adverbien** (Umstandswörter),	*g*estern, *h*eute, *l*eider, *g*ern, *s*ehr, *s*ofort
• **Präpositionen** (Verhältniswörter),	*a*n, *a*uf, *a*us, *b*ei, *w*egen, *w*eil, *s*eitens, *t*rotz
• **Konjunktionen** (Bindewörter),	*a*ber, *d*och, *n*ur, *o*der, *t*rotzdem, *u*nd
• **Interjektionen** (Empfindungswörter).	*a*u, *a*utsch, *h*a, *h*uch, *m*uh, *o*h, *p*fui

Die Kleinschreibung von Desubstantivierungen:	
Substantive (Hauptwörter), die in eine **andere Wortart** übergetreten sind, werden **kleingeschrieben.**	
Dabei kann es sich um • **Adverbien** (Umstandswörter),	*a*bends, *m*ittags, *m*orgens, *m*ontags, *a*nfangs, *f*lugs, *r*echtens, *t*eils, *w*illens
• **Präpositionen** (Verhältniswörter) und	*d*ank, *k*raft, *l*aut, *s*tatt, *t*rotz, *s*eitens
• **unbestimmte Pronomen** (Fürwörter) handeln.	ein *b*isschen, ein *p*aar (einige) **aber:** ein *P*aar (zwei zusammengehörende) Socken
Auch die Wörter **angst, bange, gram, leid, pleite** und **schuld** werden in Verbindung mit den Verben (Zeitwörtern) **sein** oder **werden kleingeschrieben.**	Mir ist *a*ngst und *b*ange. Er ist mir *g*ram. Ich bin das alles *l*eid. Das Unternehmen ist *p*leite. Daran ist sie *s*chuld. **aber:** (jemandem) *A*ngst und *B*ange machen (jemandem) *S*chuld geben

Die aus **Substantiven** (Hauptwörtern) entstandenen **Verbzusätze** werden auch in getrennter Wortstellung **kleingeschrieben.**	preisgeben – (er) gibt *p*reis teilnehmen – (er) nimmt *t*eil wundernehmen – (er) nimmt *w*under

Die Kleinschreibung von allein stehenden Adjektiven und Pronomen:	
Allein stehende • **Adjektive** (Eigenschaftswörter) oder **Partizipien** (Mittelwörter) und	Die neue Rechtschreibung ist leichter zu erlernen als die *a*lte. Frisches Obst hat mehr Vitamine als *g*ekochtes.
• **Pronomen** (Fürwörter)	Sein Stuhl stand unmittelbar neben dem *m*einen.
werden **kleingeschrieben,** wenn ein vorher oder nachher genanntes **Substantiv** (Hauptwort) ergänzt werden kann.	

Die Kleinschreibung des Superlativs:	
Der **Superlativ** (die Höchststufe) mit **am** wird **kleingeschrieben,** wenn man mit **wie** danach fragen kann.	Diese Fremdsprache ist am *s*chwierigsten zu erlernen.
Der **Superlativ** (die Höchststufe) mit **aufs** kann wahlweise **klein**- oder **großgeschrieben** werden.	aufs *b*este / *B*este regeln, (jemanden) aufs *h*erzlichste / *H*erzlichste begrüßen

Die Kleinschreibung der Pronomen, die die Rolle eines Substantivs einnehmen:	
Pronomen (Fürwörter) werden auch **kleingeschrieben,** wenn sie die Rolle eines Substantivs (Hauptworts) einnehmen.	Sie hat *a*lles vorbereitet. Das sollen die *b*eiden klären. Auch diese Erfahrung sollte *j*eder gemacht haben. In dieser Sache hat schon *m*ancher einen Fehler begangen.

Die Kleinschreibung der Wörter ein, andere, viel und wenig:	
Die Wörter **ein, andere, viel** und **wenig** werden in allen Beugungsformen im Allgemeinen **kleingeschrieben.** Die **Großschreibung** ist aber ebenfalls **zulässig,** wenn diese Wörter nicht als Beifügungen zu Substantiven (Hauptwörtern) gebraucht werden.	Die *e*inen singen, die *a*nderen tanzen. An der Konferenz nahmen *v*iele teil. Nur *w*enige waren mit dem Inhalt zufrieden. Die *E*inen singen, die *A*nderen tanzen. **aber nur:** Die *e*inen Kinder singen, die *a*nderen Kinder tanzen.

Die Kleinschreibung von Adverbien als Zeitangabe:	
Adverbien (Umstandswörter) werden **kleingeschrieben**, wenn sie als **Zeitangabe** verwendet werden.	*v*orgestern, *g*estern, *h*eute, *m*orgen, *ü*bermorgen *f*rüh, *m*ittags, *a*bends, *n*achts
Tageszeiten nach den Adverbien (Umstandswörtern) **vorgestern, gestern, heute, morgen** und **übermorgen** werden dagegen **großgeschrieben.** **Ausnahme:** Das Adverb (Umstandswort) **früh** kann nach den genannten Wörtern **klein-** oder **großgeschrieben** werden.	vorgestern *A*bend, gestern *N*acht, heute *M*orgen, morgen *V*ormittag, übermorgen *N*achmittag gestern *f*rüh / *F*rüh, morgen *f*rüh / *F*rüh

Feste Verbindungen:	
Adjektive (Eigenschaftswörter) und Substantive (Hauptwörter) können **feste Verbindungen** eingehen. Häufig erhalten diese Verbindungen im Laufe der Zeit eine eigene Bedeutung, die mehr ist als die Summe der Bedeutungen der einzelnen Wörter. In diesen Fällen ist neben der normalen **Kleinschreibung** des Adjektivs auch die **Großschreibung** zulässig.	das *s*chwarze / *S*chwarze Brett die *n*euen / *N*euen Medien die *r*ote / *R*ote Karte der *g*rüne / *G*rüne Punkt die *s*chwarze / *S*chwarze Magie

Die Zeichensetzung

Grundlagen

Die **Satzzeichen** gliedern den Text, machen ihn übersichtlich und zeigen Pausen für das Vorlesen an. Außerdem sind die Satzzeichen ein Mittel der **stilistischen Gestaltung:** Mit ihnen kann der Schreibende auch Hervorhebungen, besondere Aussageabsichten und Nuancierungen zum Ausdruck bringen.

Im Deutschen werden folgende Satzzeichen verwendet:
- **Punkt,**
- **Ausrufezeichen,**
- **Fragezeichen,**
- **Komma,**
- **Semikolon** (Strichpunkt),
- **Doppelpunkt,**
- **Gedankenstrich,**
- **Klammern,**
- **Anführungszeichen.**

Daneben gibt es noch so genannte Wortzeichen, die zur Markierung von Auslassungen dienen:
- **Apostroph** (Auslassungszeichen) und
- **Ergänzungsstrich** (Ergänzungsbindestrich).

Der Punkt

Der Punkt als Schlusszeichen:	
Der Punkt steht nach einem **Aussagesatz.**	Ich lese dieses Buch mit großem Interesse. Die Satzzeichen gliedern den Text. Der Stift liegt auf dem Tisch. Kann schon sein. Danke, gut.

Der Punkt nach frei stehenden Zeilen:	
Der Punkt steht **nicht** nach **frei stehenden** Zeilen.	
Innerhalb eines Briefes:	
Kein Punkt steht nach der • **Datumsangabe,**	Regensburg, 1. Oktober 2006
• **Anschrift,**	Bibliographisches Institut & F. A. Brockhaus AG Postfach 10 03 11 68003 Mannheim
• **Betreffzeile,**	Ihr Schreiben vom 20. Juli 2006
• **Grußformel,**	Mit freundlichen Grüßen
• **Unterschrift.**	Hans Meier
Überschriften, Zeitungs- und Buchtitel:	
Kein Punkt steht nach • **Überschriften,**	Vorteile und Gefahren der Medien
• **Zeitungs-** und **Buchtiteln.**	Süddeutsche Zeitung Duden – Die deutsche Rechtschreibung
Abschnittsgliederungen und Aufzählungen:	
Kein Punkt steht bei • **Abschnittsgliederungen** und	1 Einleitung 2 Die Laut-Buchstaben-Zuordnungen 2.1 Der Laut 2.1.1 Allgemeines …
• zeilenweise abgesetzten **Aufzählungen.**	Teilbereiche der deutschen Rechtschreibung: – Die Laut-Buchstaben-Zuordnungen – Die Getrennt- und Zusammenschreibung – Die Schreibung mit Bindestrich – Die Groß- und Kleinschreibung – Die Zeichensetzung – Die Worttrennung am Zeilenende

Der Punkt nach Abkürzungen:	
Der Punkt steht nach Abkürzungen, die im **vollen Wortlaut** ausgesprochen werden.	Abb. (Abbildung), ca. (circa), Nr. (Nummer), od. (oder), ppa. (per procura), Str. (Straße)
Kein Punkt steht nach Abkürzungen, die als **solche** ausgesprochen werden.	AG (Aktiengesellschaft), BGB (Bürgerliches Gesetzbuch), BRD (Bundesrepublik Deutschland), GmbH (Gesellschaft mit beschränkter Haftung)
Kein Punkt steht nach **Maßeinheiten** und **Himmelsrichtungen.**	cm (Zentimeter), g (Gramm), km (Kilometer), l (Liter); N (Nord[en]), SO (Südost[en])
Wenn **Abkürzungs**- und **Schlusspunkt** aufeinandertreffen, ist nur **ein** Punkt am Ende zu setzen. Bei Abkürzungen **ohne** Punkt ist am Satzende ein **Satzschlusspunkt** zu setzen.	Roman Herzog ist Bundespräsident a. D. Er beschäftigt sich mit Rechtschreibung, Grammatik, Stilistik usw. Das Kfz-Kennzeichen von München ist M. Sie wohnt in den USA.

Der Punkt nach Ordinalzahlen:	
Der Punkt steht nach **Ordinalzahlen** (Ordnungszahlen).	Sonntag, 6. 8. 2006 König Ludwig II. 4. Stockwerk 3. Etage

Die Auslassungspunkte:	
Drei Auslassungspunkte stehen, wenn eine **Rede abgebrochen** oder ein **Gedankenabschluss verschwiegen** wird.	Es ist wohl ratsam, wenn du … Wer einmal lügt … Das Substantiv beginnt mit H…
Drei Auslassungspunkte stehen, wenn ein **zitierter** Text **unvollständig** wiedergegeben wird.	Drei Auslassungspunkte stehen, wenn ein … Text unvollständig wiedergegeben wird.

Das Ausrufezeichen

Das Ausrufezeichen nach Sätzen:	
Das Ausrufezeichen steht nach **Ausrufen, Aufforderungen, Befehlen, Wünschen, Bitten** und **Warnungen.**	Viel Spaß! Toll! Herzlichen Glückwunsch! Kommen Sie doch endlich! Lesen Sie bitte weiter! Vorsicht, ein Auto!
Nach einer Aufforderung steht ein **Punkt**, wenn mit ihr **kein besonderer Nachdruck** verbunden ist.	Ergänzen Sie die fehlenden Satzzeichen. Vergleiche Abschnitt 2. Siehe Seite 10.

Das Ausrufezeichen nach Interjektionen:	
Das Ausrufezeichen steht nach **Interjektionen** (Empfindungswörtern).	Ah! Au! Bäh! Brr! Buh! Pfui! Pst!

Das Ausrufezeichen in Briefen:	
Das Ausrufezeichen kann anstelle des Kommas nach der **Briefanrede** stehen.	Sehr geehrte Damen und Herren! Herzlichen Dank für Ihren Brief…

Das eingeklammerte Ausrufezeichen:	
Das eingeklammerte Ausrufezeichen steht nach Aussagen, die einen **Zweifel** oder eine **besondere Hervorhebung** ausdrücken.	Die deutsche Einheitsorthografie besteht seit über 100 (!) Jahren. Es gibt ein eingeklammertes (!) Satzzeichen.

Das Fragezeichen

Das Fragezeichen nach Sätzen:	
Das Fragezeichen steht nach **Fragen.**	Wie spät ist es? Hast du heute Abend Zeit? Gehst du morgen mit mir ins Theater?

Das Fragezeichen nach Fragewörtern:	
Das Fragezeichen steht nach **Fragewörtern.**	Wer? Wessen? Wem? Wen? Auf die Frage „Wessen?“ folgt der Genitiv.

Das eingeklammerte Fragezeichen:	
Das eingeklammerte Fragezeichen steht nach **unglaubwürdigen** oder **unbewiesenen** Aussagen.	Diese interessante (?) Lektüre werde ich ihm zum Geburtstag schenken.

Das Komma

Das Komma zwischen Satzteilen:	
Das Komma bei der Aufzählung:	
Das Komma trennt die Teile einer **Aufzählung**.	Die Bundesrepublik Deutschland besteht aus folgenden Bundesländern: Baden-Württemberg, Bayern, Berlin, Brandenburg, Bremen, Hamburg, Hessen, Mecklenburg-Vorpommern, Niedersachsen, Nordrhein-Westfalen, Rheinland-Pfalz, Saarland, Sachsen, Sachsen-Anhalt, Schleswig-Holstein, Thüringen.
Kein Komma steht, wenn die Teile einer Aufzählung durch • **und,** • **oder,** • **sowie,** • **entweder – oder,** • **sowohl – als auch,** • **weder – noch** verbunden sind.	Sie hat Fleisch *und* Wurst eingekauft. Es wurde darüber verhandelt, ob Bonn *oder* Berlin die Hauptstadt werden sollte. An der Veranstaltung nahmen Kinder *sowie* Jugendliche teil. Heute gehe ich *entweder* in die Stadt *oder* in das Schwimmbad. Wir verbrachten den Urlaub *sowohl* in Frankreich *als auch* in Spanien. Er wird *weder* heute *noch* morgen kommen.
Das Komma in Briefen:	
Das Komma steht nach der **Briefanrede.** Anstelle des Kommas kann auch ein Ausrufezeichen gesetzt werden.	Sehr geehrte Damen und Herren, herzlichen Dank für Ihren Brief...
Das Komma bei Appositionen:	
Die **Apposition** (der Beisatz) wird in Kommas eingeschlossen.	Konrad Duden, der Vater der deutschen Einheitsorthografie, wurde am 3.1.1829 auf Gut Bossigt bei Wesel geboren.

Das Komma bei Konjunktionen:	
Das Komma steht zwischen **Satzteilen,** die durch **Konjunktionen** (Bindewörter) miteinander verbunden sind.	Er möchte gerne eine Fremdsprache lernen, *aber* nicht seine Zeit dafür opfern. Sie geht heute in die Stadt, *jedoch* erst am Abend. Der Schüler macht seine Hausaufgaben *teils* selbst, *teils* mit Hilfe seines Vaters.
Das Komma bei Infinitivgruppen:	
Bei **Infinitivgruppen** (Wortgruppen mit einer Grundform) **muss** in drei Fällen ein Komma stehen:	
• Die Infinitivgruppe wird mit **als, [an]statt, außer, ohne, um** eingeleitet.	Er konnte nichts Besseres tun, *als* zu reiten. Sie spielte, *[an]statt* zu arbeiten. Wir tun alles, *um* euch zu helfen.
• Die Infinitivgruppe hängt von einem **Substantiv** (Hauptwort) ab.	Er fasste den *Gedanken,* den Arbeitsplatz zu wechseln. Sie hat den *Wunsch,* ihre kreativen Talente besser zu nutzen.
• Die Infinitivgruppe wird durch ein **hinweisendes Wort angekündigt** oder **wieder aufgenommen.**	Hier bin ich *dafür,* nicht abzustimmen. Wichtig ist *es,* sich mit den Regeln auseinanderzusetzen.
Neben den dargestellten Fällen **kann** bei **Infinitivgruppen** (Wortgruppen mit einer Grundform) ein Komma stehen, um die **Gliederung** des Satzes zu verdeutlichen oder etwaigen **Missverständnissen** vorzubeugen.	Wir empfehlen(,) ihm zu folgen. Wir empfehlen ihm(,) zu folgen.

Das Komma zwischen Sätzen:	
Das Komma zwischen Hauptsätzen:	
Das Komma steht zwischen **Hauptsätzen.**	Andrea liest Zeitung, Johannes spielt Gitarre. Thomas spielt im Garten, sein Vater repariert das Auto.
Werden Hauptsätze mit **und** oder **oder** verbunden, kann man ein Komma setzen, um die Gliederung des Satzes deutlich zu machen.	Er bezahlte die Rechnung(,) und sie bestellte das Taxi. Passen dir die Schuhe noch(,) oder sind sie dir bereits zu klein?

Das Komma zwischen Haupt- und Gliedsatz:	
Das Komma steht zwischen **Haupt-** und **Gliedsatz** (Nebensatz). Der Gliedsatz kann dabei • zu **Beginn,** • in der **Mitte,** • am **Ende** stehen.	Dass das Auto seinen Zweck erfüllen wird, glaube ich. Das Buch, das ich mir heute gekauft habe, wurde erst kürzlich veröffentlicht. Ich glaube, dass das Auto seinen Zweck erfüllen wird.
Das Komma zwischen Gliedsätzen:	
Das Komma steht zwischen **Gliedsätzen** (Nebensätzen), die nicht durch **und** bzw. **oder** verbunden sind.	Der Lehrer erwartet, dass der Schüler die Aufgabe erledigt, die er bekommen hat.

Das Semikolon (der Strichpunkt)

Das Semikolon bei Aufzählungen:	
Das Semikolon grenzt bei längeren Aufzählungen die einzelnen **Sinneinheiten** voneinander ab.	Die Physik beschäftigt sich u. a. mit Arbeit, Leistung, Energie; Schwingungen, Wellen; Lichtquellen, Lichtstärken, Lichtgeschwindigkeiten.
Das Semikolon in Sätzen:	
Das Semikolon steht zwischen längeren Sätzen, die inhaltlich **eng** miteinander verbunden sind.	Das Semikolon ersetzt den Punkt, wenn dieser zu stark trennt; es ersetzt das Komma, wenn dieses zu schwach trennt.

Der Doppelpunkt

Der Doppelpunkt vor der direkten Rede:	
Der Doppelpunkt steht vor der **direkten** (wörtlichen) Rede.	Der Abteilungsleiter sagte: „Wir werden das Projekt gleich in Angriff nehmen."

Der Doppelpunkt vor Zitaten:	
Der Doppelpunkt steht vor **Zitaten.**	Friedrich von Schiller schrieb: „Was ist die Mehrheit? Mehrheit ist der Unsinn; Verstand ist stets bei wen'gen nur gewesen."

Der Doppelpunkt vor Aufzählungen:	
Der Doppelpunkt steht vor **Aufzählungen,** wenn diese angekündigt werden.	In der deutschen Grammatik unterscheidet man verschiedene Wortarten: Substantiv, Verb, Adjektiv, Artikel, Pronomen …
Wenn die Aufzählung durch **nämlich, das heißt, das ist** oder **zum Beispiel** eingeleitet wird, braucht **kein** Doppelpunkt gesetzt zu werden.	In der deutschen Grammatik unterscheidet man verschiedene Wortarten, zum Beispiel Substantiv, Verb, Adjektiv, Artikel, Pronomen.

Der Doppelpunkt vor Satzstücken und Einzelwörtern:	
Der Doppelpunkt steht vor **Satzstücken** und **Einzelwörtern,** wenn diese angekündigt werden.	Beginn: 20:00 Uhr Verfasser: Johann Wolfgang von Goethe

Der Doppelpunkt vor Zusammenfassungen und Folgerungen:	
Der Doppelpunkt kündigt **Zusammenfassungen** und **Folgerungen** an.	Wir halten fest: Der Doppelpunkt kündigt Zusammenfassungen und Folgerungen an.

Der Gedankenstrich

Der Gedankenstrich zwischen Sätzen und Einzelwörtern:	
Der Gedankenstrich kennzeichnet einen Wechsel:	
Der Gedankenstrich kennzeichnet einen **Gedanken**- oder **Sprecherwechsel.**	Leider können wir Ihnen in dieser Sache nicht behilflich sein. – Wir müssen unsere Konsequenzen ziehen. „Bist du fertig?“ – „Ja, ich komme!“
Der Gedankenstrich kennzeichnet Stichwörter:	
Der Gedankenstrich kennzeichnet die **Stichwörter** in Inhaltsangaben.	Satzzeichen: Punkt – Ausrufezeichen – Fragezeichen – Komma – Semikolon – Doppelpunkt – Gedankenstrich – Klammern – Anführungszeichen

Der Gedankenstrich innerhalb von Sätzen:	
Der Gedankenstrich steht bei • **Kommandos,** • **etwas Unerwartetem,** • **Gegenüberstellungen,** • **Redeabbrüchen.**	 Auf die Plätze – fertig – los! Plötzlich – der Mann tauchte wieder auf! alt – neu, hässlich – schön „Jetzt fahrn wir übern See, übern See, jetzt fahrn wir übern –“

Der Gedankenstrich bei Einschüben:	
Der Gedankenstrich steht vor und nach **Einschüben,** die das Gesagte näher erläutern. Das zum umgebenden Text gehörende Satzzeichen darf dabei nicht weggelassen werden.	Wir glauben – und hier sind wir mit Sicherheit nicht allein der Ansicht –, dass das jetzige Steuersystem verändert werden muss.

Die Klammern

Runde Klammern:	
Erläuterungen in Klammern:	
Erläuterungen zu Wörtern oder Sätzen stehen im Allgemeinen in runden Klammern.	Die Zeichensetzung (Interpunktion) kannte man bereits in der Antike.
Eingeschobene Sätze in Klammern:	
Eingeschobene Sätze, die **ohne** Nachdruck gesprochen werden, stehen im Allgemeinen in runden Klammern.	Der Duden (er liegt jetzt in der 24., neu bearbeiteten Auflage vor) wird von vielen als Volkswörterbuch angesehen.

Eckige Klammern:	
Die Klammern in der Klammer:	
Eckige Klammern können bei Wörtern und Sätzen stehen, die bereits in **runde** Klammern gesetzt sind.	Die UNO (United Nations Organization [Organisation der Vereinten Nationen]) wurde 1945 gegründet.
Anmerkungen des Schreibenden:	
Eckige Klammern können bei **Anmerkungen** stehen, die der **Schreibende** zum fortlaufenden Text vornimmt.	„Die Zeichensetzung [auch Interpunktion genannt] kannte man bereits in der Antike."
Auslassung von Buchstaben:	
Eckige Klammern können bei **Buchstaben** u. dgl. stehen, die **ausgelassen** werden können.	Vokalverdopp[e]lung, Vorstellung[skraft]

Die Anführungszeichen

Die Anführungszeichen bei der direkten Rede:	
Die Anführungszeichen stehen bei der **direkten** (wörtlichen) Rede.	
Der Begleitsatz kann dabei • **vor** dem Redesatz,	Er sagte: „Ich muss in den Keller." Sie fragte: „Was machst du da?" Er erwiderte: „Rate doch mal!"
• **nach** dem Redesatz,	„Ich muss in den Keller", sagte er. „Was machst du da?", fragte sie. „Rate doch mal!", erwiderte er.
• **zwischen** den Teilen des Redesatzes	„Am Nachmittag", sagte er, „muss ich zur Arbeit."
stehen.	

Die Anführungszeichen bei Zitaten:	
Die Anführungszeichen stehen bei **Zitaten.**	„Die Anführungszeichen", so heißt es in dieser Broschüre, „stehen bei Zitaten."

Die Anführungszeichen bei der Hervorhebung von Wörtern:	
Die Anführungszeichen stehen bei der **Hervorhebung** von **Wörtern.**	Das Wort „behände" wird mit ä geschrieben. Die „Frankfurter Allgemeine Zeitung" ist eine bekannte Tageszeitung. Dies ist ja ein „tolles" Geschenk!

Halbe Anführungszeichen:	
Halbe Anführungszeichen stehen, wenn innerhalb eines bereits **mit Anführungszeichen versehenen Satzstückes** oder **Satzes** eine direkte (wörtliche) Rede, ein Titel, ein Zitat oder eine andere Hervorhebung kenntlich gemacht werden soll.	Der Arbeitskollege fragt: „Hast du diesen Artikel in der ‚Frankfurter Allgemeinen Zeitung' schon gelesen?" „Kennst du die ‚Wünschelrute' von Eichendorff?", erkundigte sich der Lehrer.

Der Apostroph (das Auslassungszeichen)

Auslassungen:	
Der Apostroph zeigt das **Fehlen** eines oder mehrerer Buchstaben in einem Wort an. Dabei wird der Apostroph gesetzt, wenn die verkürzten Formen sonst **schwer lesbar** oder **missverständlich** wären.	's war 'n tolles Erlebnis! 'ne ganz nette Geschichte! die heil'ge Erde Bist du's etwa? D'dorf (= Düsseldorf) Ku'damm (= Kurfürstendamm) M'gladbach (= Mönchengladbach)
Kein Apostroph steht • für das entfallene **Schluss-e** in bestimmten Formen des **Verbs** (Zeitworts); • für das entfallene **Schluss-e** in Nebenformen eines **Substantivs** (Hauptworts) oder **Adjektivs** (Eigenschaftsworts); • in allgemein gebräuchlichen **Verschmelzungen** von **Präposition** (Verhältniswort) und den **Artikeln** (Geschlechtswörtern) – **das,** – **dem,** – **den.**	 Ich komm vorbei. Das hör ich gern! Bursch (für: Bursche) trüb (für: trübe) ans (an das), aufs (auf das), fürs (für das) beim (bei dem), hinterm (hinter dem) hintern (hinter den), übern (über den)

Namen:	
Der Apostroph kennzeichnet den **Genitiv** (Wesfall) von Namen, die auf **s, ss, ß, tz, z** oder **x** enden.	Claudius' Gedichte, Grass' Blechtrommel, Voß' Übersetzungen, Ringelnatz' Gedichte, Leibniz' Philosophie, Marx' Lehre
Gelegentlich wird der Apostroph vor dem Genitiv-s (Wesfall-s) zur Verdeutlichung der **Grundform** eines **Personennamens** gesetzt.	Andrea's Imbissstube Manfred's Schnellgerichte

Der Ergänzungsstrich (Ergänzungsbindestrich)

Der Ergänzungsstrich steht, wenn in **mehreren** Wörtern ein **gleicher** Bestandteil ausgelassen wurde. Die Auslassung kann	
• den **letzten** Bestandteil,	Hin- und Rückfahrt, An- und Verkauf, Ein- und Auszahlung, Vor- und Nachteile
• den **ersten** Bestandteil,	Paketannahme und -ausgabe, Kriegsbefürworter und -gegner
• den **letzten und ersten** Bestandteil	Warenimport- und -exportgeschäfte, Eisenbahnüber- und -unterführungen
betreffen.	

Die Worttrennung am Zeilenende

Grundlagen

Am Zeilenende können Wörter **getrennt** werden, wenn der Platz für das gesamte Wort nicht ausreichend ist. Dabei dienen die Regeln für die **Worttrennung am Zeilenende** (Silbentrennung) dazu, die Wörter so zu trennen, dass die **Lesbarkeit** möglichst nicht beeinträchtigt wird.

Die Grundlage für die Worttrennung bildet die **gesprochene** Sprache. So wird bei der Trennung eines Wortes möglichst nach **Sprechsilben** getrennt. Diese Trennstellen ergeben sich bei der langsamen Aussprache eines Wortes.

Als Trennungszeichen wird heute in der Regel ein einfacher Bindestrich verwendet. Wenn am Zeilenende ein Bindestrich steht, gilt dieser zugleich als Trennungsstrich.

Die Trennung von einheimischen Wörtern

Einfache, nicht zusammengesetzte Wörter:	
Einfache, nicht zusammengesetzte Wörter werden nach **Sprechsilben** getrennt.	Er-de, kle-ben, Kun-de, Lam-pe, ren-nen, Se-gel, se-hen, Sei-te, Ses-sel, Vo-gel
Ein **einzelner** Konsonant (Mitlaut) wird immer auf die **neue** Zeile gesetzt.	Ha-se, le-gen, Ru-te, schla-fen, sie-ben
Bei mehreren Konsonanten (Mitlauten) wird der **letzte** auf die **neue** Zeile gesetzt.	es-sen, fan-gen, Schif-fe, set-zen, tan-zen, Fens-ter, Kis-te, meis-tens, rann-te
Die Buchstabenverbindungen **ch, sch** und **ck** gelten als ein Laut und werden daher **nicht** getrennt.	Brü-che, Dra-chen, Ka-chel, la-chen Bö-schung, Fla-sche, na-schen, Ta-sche Bä-cker, De-cke, Mü-cke, Rü-cken, Zu-cker
Ein **einzelner** Vokal (Selbstlaut) am **Wortanfang** oder **-ende** wird **nicht** abgetrennt.	aber, Abend, Adel, oben, Ofen, über Kleie, Laie, laue, Reue, Dia, Deo
Zwei gleiche Vokale, die eine Klangeinheit bilden, und **Diphthonge** (Doppellaute) dürfen nur zusammen abgetrennt werden.	Aa-le, Waa-ge; Ei-er, Ei-mer, Eu-le, Eu-ter

Zusammengesetzte Wörter:	
Zusammengesetzte Wörter werden in der Regel nach ihren **sprachlichen Bestandteilen** getrennt.	Diens-tag, Gar-ten-lau-be, Haus-tür, Le-se-zei-chen, Mut-ter-tag, Wand-ta-fel
Dies gilt auch für Wörter mit einer **Vorsilbe.**	aus-ge-hen, be-pflan-zen, durch-ge-hen, ein-ho-len, um-kom-men, vor-füh-ren
Wörter, die **nicht** mehr als **Zusammensetzungen** erkannt werden, können auch nach **Sprechsilben** getrennt werden.	dar-um / da-rum, dar-un-ter / da-run-ter, ein-an-der / ei-nan-der, her-an / he-ran, hin-auf / hi-nauf, war-um / wa-rum

Die Trennung von Fremdwörtern

Einfache, nicht zusammengesetzte Fremdwörter:	
Einfache, nicht zusammengesetzte Fremdwörter werden ebenfalls nach **Sprechsilben** getrennt.	Bal-kon, Ho-tel, Na-ti-o-nen, Or-ga-nis-mus, prä-mie-ren, Tro-pen
In Fremdwörtern können die folgenden Buchstabengruppen ungetrennt bleiben oder getrennt werden: • **bl – cl – fl – gl – kl – pl – phl,** • **gn – kn,** • **br – cr – dr – fr – gr – kr – pr – phr – tr – thr – vr.**	mö-bliert / möb-liert, Zy-klus / Zyk-lus Ma-gnet / Mag-net, py-knisch / pyk-nisch Fe-bru-ar / Feb-ru-ar, Hy-drant / Hyd-rant, Qua-drat / Quad-rat, neu-tral / neut-ral

Zusammengesetzte Fremdwörter:	
Fremdwörter, die **nicht** mehr als Zusammensetzungen erkannt werden, können nach ihren **Wortbestandteilen** oder nach **Sprechsilben** getrennt werden.	Chir-urg / Chi-rurg He-li-ko-pter / He-li-kop-ter Lin-ole-um / Li-no-le-um Päd-ago-gik / Pä-da-go-gik par-al-lel / pa-ral-lel

Grammatische Fachbegriffe

Adjektiv	Eigenschaftswort, Wiewort
Adverb	Umstandswort
Apostroph	Auslassungszeichen
Apposition	Beisatz
Artikel	Geschlechtswort, Begleiter
Attribut	Beifügung
deklinieren	(Hauptwörter, Eigenschaftswörter, Fürwörter und Zahlwörter) beugen
Demonstrativpronomen	hinweisendes Fürwort
Diphthong	Doppellaut, Zwielaut
Genitiv	Wesfall, zweiter Fall
Gliedsatz	Nebensatz
Infinitiv	Grundform, Nennform
Interjektion	Empfindungswort, Ausrufewort
konjugieren	(Zeitwörter) beugen
Konjunktion	Bindewort
Konsonant	Mitlaut
Ordinalzahl	Ordnungszahl
Partizip	Mittelwort
Präposition	Verhältniswort
Pronomen	Fürwort
Relativpronomen	bezügliches Fürwort
Semikolon	Strichpunkt
Substantiv	Hauptwort, Namenwort, Nomen, Dingwort
Superlativ	Höchststufe, zweite Steigerungsstufe
Verb	Zeitwort, Tätigkeitswort, Tunwort
Vokal	Selbstlaut
Zahladjektiv	Zahlwort

Literaturhinweise

Nachschlagewerke

Duden – Die deutsche Rechtschreibung (= Der Duden in zwölf Bänden; Band 1), 24. Auflage, Mannheim (Dudenverlag) 2006; ISBN 3-411-04014-9

Schülerduden – Rechtschreibung und Wortkunde, 8. Auflage, Mannheim (Dudenverlag) 2006; ISBN 3-411-04218-4 (gebunden), ISBN 3-411-05178-7 (kartoniert)

Rechtschreibprüfprogramme

Duden Korrektor 3.51, Mannheim (Dudenverlag) 2006; ISBN 3-411-06557-5

Duden Korrektor PLUS 3.51, Mannheim (Dudenverlag) 2006; ISBN 3-411-06558-3

Übungsbuch

Duden – So schreibt man jetzt! Ein Übungsbuch zur neuen deutschen Rechtschreibung, 4. Auflage, Mannheim (Dudenverlag) 2006; ISBN 3-411-06194-4

Die **Duden-Sprachberatung** beantwortet Ihre Fragen
zu Rechtschreibung, Zeichensetzung, Grammatik u. Ä.
montags bis freitags zwischen 8:00 und 18:00 Uhr.
Aus Deutschland: **09001 870098** (1,86 € pro Minute aus dem Festnetz).
Aus Österreich: **0900 844144** (1,80 € pro Minute aus dem Festnetz).
Aus der Schweiz: **0900 383360** (3,13 CHF pro Minute aus dem Festnetz).
Unter www.duden-suche.de können Sie mit einem Online-Abo auch
per Internet in ausgewählten Dudenwerken nachschlagen.

Bibliografische Information der Deutschen Bibliothek
Die Deutsche Bibliothek verzeichnet diese Publikation in der
Deutschen Nationalbibliografie; detaillierte bibliografische Daten
sind im Internet über http://dnb.ddb.de abrufbar.

Redaktion Werner Scholze-Stubenrecht, Anja Konopka
Herstellung Monika Schoch

Typografie und Satz Farnschläder & Mahlstedt Typografie, Hamburg
Druck und Einband Progressdruck, Speyer
Printed in Germany

ISBN-10: 3-411-04573-6
ISBN-13: 978-3-411-04573-0